EXAMEN CRITIQUE

DES

FÊTES ET CÉRÉMONIES

DES 27, 28, ET 29 JUILLET 1831.

EXAMEN CRITIQUE

DES

FÊTES ET CÉRÉMONIES

CÉLÉBRÉES

LES 27, 28, ET 29 JUILLET 1831.

PARIS,

CHEZ LES MARCHANDS DE NOUVEAUTÉS,

AU PALAIS ROYAL.

1831.

EXAMEN CRITIQUE

DES FÊTES ET CÉRÉMONIES

CÉLÉBRÉES LES 27, 28 et 29 JUILLET 1831.

DE toutes les révolutions politiques dont il est fait mention dans l'histoire, nulle n'est comparable à celle qui a précipité Charles X du trône de ses aïeux. L'expulsion des Pisistratides, la mort de Lucrèce, l'heureuse audace de Guillaume *Tell*, la révolte des Provinces-Unies contre l'Espagne leur dominatrice, ou celle des colonies anglaises contre leur métropole, furent sans doute des événemens féconds en résultats extraordinaires ; mais ils n'exercèrent que bien peu d'influence au-delà des frontières des pays qui leur avaient servi de théâtre.

La révolution de Paris a excité l'intérêt de la France, de l'Europe, du monde entier. On dirait que le genre humain s'est félicité de la chute des Bourbons, ou plutôt du système représenté dans leur famille, comme d'une victoire remportée sur le génie du mal. Cette universelle sympathie pour la révolution de juillet est une preuve éclatante de la justice de sa cause ; un gage certain qu'elle produira tôt ou tard les grands biens dont les nations ont déjà le pressentiment.

L'anniversaire de ce prodigieux succès de la liberté sur le despotisme approche ; le gouvernement, conformément à ses intentions, et pour répondre aux vœux du peuple, vient d'émettre le programme des fêtes qui seront célébrées les 27, 28 et 29 juillet. Ces fêtes, ces cérémonies seront-elles dignes des braves qui combattirent si généreusement pour l'affranchissement de la grande nation ; seront-elles dignes de cette nation elle-même ? C'est ce que nous prendrons la liberté de discuter, mais avant tout nous prévenons le lecteur que les critiques que nous pourrons hasarder n'auront pour motif aucune intention malveillante ; comme la grande majorité des Français, nous avons une entière confiance dans le système de gouvernement qui nous régit ; si ses agens tombent dans des erreurs ou commettent des fautes, nous sommes persuadés qu'ils agissent toujours de bonne foi. Passons au programme qui doit nous occuper.

Nous y lisons d'abord, entre autres choses, que le 27 *un service commémoratif sera célébré dans tous les édifices consacrés aux différens cultes.* Nous applaudissons à cette mesure : point de fête vraiment digne de l'homme sans cérémonies religieuses ; mais le programme ne dit pas si le roi, les corps constitués assisteront à ce service. Il est permis d'en douter..... Certes Bonaparte n'était ni bigot ni intolérant, et toutefois il est fort probable qu'en pareil cas il se serait rendu en personne à la Cathédrale, suivi d'un cortége imposant, persuadé qu'il était que les chefs de l'Etat doivent toujours donner l'exemple du respect et des honneurs qui sont dûs à l'Etre-Suprême. Louis-Philippe, il est vrai, doit aller au Panthéon où un *hymne funèbre sera exécuté.* Exécuté par qui ? par des musiciens sans doute. On ne saurait qualifier cette cérémonie de religieuse, d'autant moins qu'elle aura lieu dans un temple qui n'a ni prêtres ni autel. La conduite du gouvernement dans cette circonstance doit être attribuée au désir excessif qu'il a de ne paraître favoriser aucun culte. N'est-ce pas porter le scrupule un peu trop loin ?

Des tables d'airain, dit le programme, *portant*

les noms des victimes seront scellées, en présence de S. M., sur les murs du Panthéon. Cela n'est point blâmable assurément; mais il faut convenir que l'Assemblée française, qui convertit l'église Sainte-Geneviève en *Panthéon*, eut une idée fort mesquine, peu digne d'elle et encore moins du grand peuple qu'elle représentait. On a eu tort en 1830 de reprendre au culte catholique cette église que Napoléon lui avait rendue et qui lui appartient en propre.

En effet, cet édifice fut construit dans le dernier siècle à l'instigation et par les soins du chapitre de Sainte-Geneviève, et dédié à la patrone de Paris. Louis XV en posa la première pierre, et en 89 il était à peu de chose près tel qu'on le voit aujourd'hui. Il y a par conséquent, ce nous semble, manque de grandeur et d'amour-propre dans la transformation de cette église en temple national. Comment, vous dira-t-on, vous professez des doctrines généreuses, élevées; vous vantez avec raison votre force et votre opulence, et vous n'avez pas eu le courage de dépenser quelques millions de francs pour perpétuer dignement la mémoire de vos grands hommes. Leurs cendres seraient donc le jouet des vents, si la magnificence chrétienne n'avait bâti l'asyle qui les abrite. Vous aurez beau faire, votre Panthéon sera toujours *Ste.-Geneviève*. Le chroniqueur le plus obscur de l'histoire de Paris signalera sans pitié votre usurpation à la postérité la plus reculée. Le voyageur instruit et curieux démêlera sans peine la destination première de ce monument : son plan est une croix grecque. S'il admire la richesse et l'élégante légèreté de ses voûtes, la hardiesse et la savante économie de sa construction, son premier mouvement sera d'en rapporter le mérite et la gloire à l'ancienne monarchie. A peine daignera-t-il jeter un coup-d'œil sur les changemens, les embellissemens ou les rapetassemens que vous y aurez faits. Peut être les blâmera-t-il. Peut-être se rappellera-t-il, en cette occasion, ces oiseaux inhabiles qui logent leurs petits dans des nids abandonnés ou qu'ils ont ravis à des oiseaux trop faibles pour les défendre.

Le bon sens et l'histoire sont d'accord pour démontrer qu'en changeant sans nécessité absolue la destination d'un édifice que l'on n'a pas bâti, on s'attire quelquefois le blâme et souvent le mépris des hommes éclairés. Plus on le tourmente,

on le dégrade, plus l'intérêt que l'on porte na-
turellement aux constructeurs va croissant.
Mahomet II transforma, comme on sait, la
principale église de Constantinople en mosquée;
la gloire du fondateur n'en a point souffert; c'est
toujours la *Ste.-Sophie* de JUSTINIEN; c'est
toujours à ce prince et aux architectes *Isidore*
et *Arthemius* que les archéologues et les voyageurs
en rapportent la gloire. Les Espagnols n'ont rien
à voir au mérite de la cathédrale de Séville;
elle rappelle seulement la domination des Arabes
ses fondateurs, qui l'avaient consacrée au culte
de Mahomet, et parmi les nombreuses colonnes
qui soutiennent ce vaste monument, les curieux
instruits s'évertuent à signaler celles qui ont
appartenu à des temples romains, carthaginois.
Les mêmes observations s'appliquent au Parthe-
non et au temple de Thésée que les Athéniens,
devenus chrétiens, consacrèrent à leur nouveau
culte. Qui ne sait que le Panthéon d'Agrippa,
malgré les nombreuses et importantes réparations
que les papes y ont faites, et les clochers
dont ils l'ont doté, est presque inconnu sous le
nom de *Notre-Dame-de-la-Rotonde*. Il y a
plus, les bronzes qui formaient la couverture

du portique de ce chef-d'œuvre de l'architecture romaine furent enlevés par les ordres du pape Urbain VIII ; on en fit le *baldaquin* (maître-autel) de l'église de Saint-Pierre et les canons du château Saint-Ange. Eh bien ! toutes les fois que l'on parle, soit du baldaquin, soit du Panthéon, on ne manque jamais de rappeler la spoliation d'Urbain VIII, dont le nom de famille était *Barberini*, ce qui donna lieu à ce jeu de mots :

Quod non fecerant barbari fecit Barberini.

(Ce que les barbares n'avaient pas fait Barberini l'a accompli)

Le programme, il est vrai, dit que le 27 le roi posera, sur la place de la Bastille, la première pierre d'un cénotaphe (tombeau vide) en l'honneur des héros fondateurs de la liberté en France. Quelles seront les proportions de ce cénotaphe ? Sera-t-il seulement comparable au tombeau de Mausole, soit pour la richesse de la matière, soit pour les ornemens, soit pour le travail ? On ne doit guère s'y attendre ; mais quand même le monument de la Bastille serait l'égal de celui que la reine du très petit royaume de Carie fit élever aux mânes de son époux, les braves qui ont combattu en 89 et en juillet devraient-ils se croire entièrement satisfaits ? Si leurs victoires doivent régénérer le monde, n'est-il pas équitable que la grande nation, qui la première ressentira les bienfaits de la révolution qu'ils ont accomplie, leur en témoigne sa reconnaissance d'une manière extraordinaire ?

Si l'on agit autrement, n'est-ce pas fournir le prétexte aux amis du pouvoir absolu d'accuser les peuples libres d'impuissance pour les belles choses et d'ingratitude envers leurs bienfaiteurs, et remarquez bien que l'histoire fournit bon nombre de raisons à l'appui de cette hypothèse. Rome et Athènes républicaines persécutèrent ou dédaignèrent Thémistocle, Aristide, Phocion, Scipion, Marcellus....... Ce ne fut que sous la domination de Périclès et des empereurs que ces deux villes célèbres s'illustrèrent par les beaux-arts. C'est alors seulement qu'elles édifièrent ces temples, ces aqueducs dont les restes font encore l'admiration et le désespoir des connaisseurs les plus habiles. Parmi les modernes, quelle république est comparable au règne de Louis XIV ! Qu'est-ce que les faits des traficans de Venise, de Hollande, d'Angleterre, à côté de

la grandeur de ce prince ? Avec quelle magnificence il encourageait, récompensait tous les
hommes distingués de son époque ! Du haut de
son dôme des Invalides, son fantôme semble
dominer encore sur le beau pays qu'il gouverna
pendant soixante-douze ans, qu'il agrandit, qu'il
embellit et qu'il civilisa. Et de nos jours,
Napoléon, l'ennemi de toute liberté, n'a-t-il
pas, à l'occasion d'une seule victoire, érigé un
superbe monument de bronze à la gloire de ses
soldats ? Eh grand Dieu ! que reste-t-il de la victoire d'Austerlitz ? Qu'elle est triste et pâle à côté
des journées de juillet !

Mais ce n'est pas dans les dix mois qui suivent
une révolution que l'on peut s'occuper d'éta-
blissemens dont les projets et l'exécution exigent
du calme dans les esprits et de la stabilité dans
le gouvernement. La Chambre qui va s'ouvrir
manifestera, n'en doutons point, l'intention
d'ériger tôt ou tard un monument spécial digne
de la nation et des grands hommes qui font sa
gloire.

On assure que le monument de la Bastille sera assis sur la base qui devait porter l'éléphant colossal dont le modèle en plâtre est maintenant à découvert.

S'il faut en juger par les charpentes qui forment déjà la carcasse du monument funéraire, son plan sera un cercle et sa forme présentera quelque chose de ressemblant au dôme de Sainte-Geneviève; quant à ses proportions elles ne sont rien de moins que gigantesques, et tout porte à croire que le cénotaphe dont il est question pourrait tôt ou tard compter des rivaux au cimetière du Père la Chaise; Dieu veuille que la bonté des matériaux et la richesse du travail compensent ce qui lui manquera d'héroïque du côté des formes !

Ce monument, au reste, méritera le petit reproche d'être porté sur une base qui n'était pas faite pour lui; ce qui rappellera, bon gré malgré, ces statues que l'on voit fréquemment dans Rome moderne, dont les têtes de saints sont entées sur le corps de personnages payens.

Imprimerie de CHASSAIGNON, rue Gît-le-Cœur.

* 9 7 8 2 0 1 2 4 8 9 3 0 1 *